Symphony No. 5
in B-flat Major
in Full Score

(Original Version)

ANTON BRUCKNER

Introduction by
Robert Haas

DOVER PUBLICATIONS, INC.
Mineola, New York

Bibliographical Note

This Dover edition, first published in 2001, is an unabridged republication of *Anton Bruckner / Symphonie Nr. 5 / B-Dur / (Originalfassung) / Vorgelegt von Robert Haas,* originally published by Breitkopf & Härtel Musikverlag, Leipzig, n.d. [introduction dated Vienna, autumn 1937].

Lists of contents and instrumentation are newly added. The English translation of Professor Haas' introduction, as well as the glossary of German terms, was prepared specially for this edition by Stanley Appelbaum. We are indebted to composer David L. Post for providing this authoritative edition for republication.

International Standard Book Number: 0-486-41691-7

Manufactured in the United States of America
Dover Publications, Inc., 31 East 2nd Street, Mineola, N.Y. 11501

Introduction

It is a unique event in the history of the arts that Anton Bruckner's Fifth Symphony can now, six decades after its creation, be presented to the public in its original form, unknown all this while—in the form that corresponds organically to the nature of this symphonic miracle and is able to reveal completely for the first time its full intellectual magnitude and the full strength of its sonority.

The text of this edition follows Bruckner's autograph score, which he bequeathed to the Imperial Library (today it is MS 19477 in the music division of the Vienna National Library). It agrees with the text of the handwritten copy of the score made for Bruckner's patron, the minister of education Karl R. von Stremayr, which was discovered in the possession of his family in 1936 (today MS 6064 of the music division).

According to the autograph score, the Fifth Symphony was worked on continuously between February 14, 1875, and January 4, 1878: in 1875, the Finale and the Scherzo, which were polished later; in 1877, the first movement and the Adagio, for which sketches were begun in 1875. From 1878 on, there is no extant documentary evidence that the master was working on the Fifth, but it is clear from remarks in his diary and from entries on two protective sheets at the beginning of the MS, which were written in his hand when he was an old man, that, in 1894, it was the very score from 1877 that he had bound for delivery to the Imperial Library, and that, in 1895, he lent it out for copying in view of the engraving of the first edition. When the first edition of the score appeared in 1896, Bruckner was mortally ill.

The text of that first edition features an extraordinary change in the instrumentation, which affects almost every measure; a drastic abridgment of the Finale (by 122 measures); and an adaptation of the musical indications, with a view to performance, which reflects the practice of the period but involves no revision or change in the actual composition. The remarkable high flight of the Finale, which couldn't be appreciated by his contemporaries, was thus seriously impaired by cutting two passages, mm. 325–353 and 374–459; the sonata form was violated in the recapitulation; the delightful moment of repose when the cantabile theme returns was omitted; and the ascent to the loftiest ethereal regions was blurred. Similarly, the monumental sonority of the original was constantly weakened and reinterpreted, so that the immediately gripping sonorous effects of Bruckner's personal, extravagant inspiration were lost.

In contrast to that, it is a natural duty to insure that a monumental confessional work of the most exquisite type, such as this is, will be known and performed in the way it was created in solitary labor, because it is just this original version which testifies to the admirably unerring accuracy of its creator's power to think in terms of tones, and at the same time represents a rich gift for the world of music.

All details of editorial choices will be found in the discussion of sources in the complete-works edition.

Vienna, autumn 1937

Professor Robert Haas

English translation by Stanley Appelbaum

Glossary of German Terms in the Score

(given as these appear in the score)

Bedeutend langsamer, considerably slower
beide, both (or: two)
Bewegter (im künftigen Allegro-Tempo), livelier (in the Allegro tempo to come)
breit (gestrichen) (gezogen), broadly (bowed) (drawn out)
breit, markig, broadly, sturdily

deutlich hervortretend, prominent and distinct

etwas (hervortretend) (langsamer), somewhat (prominent) (slower)
Etwas mehr langsam, somewhat slower

Früheres Tempo, earlier tempo

gestrichen, mehr gezogen, bowed, more drawn out
gezogen, drawn out
G Saite (anfangs) (fort), G-string (at the beginning) (away, off, finished)
G Saite nach Möglichkeit, G-string if possible

hervortretend, prominent

Im gleichen Tempo, in the same tempo

kurz gestrichen, with short bowing

lang gezogen, long drawn out

markiert gestrichen, bowed *marcato*
Möglichst auf der G-Saite zu spielen, to be played on the G-string if possible

ruhig gestrichen, calmly bowed

Satz, movement
Schnell (wie anfangs), fast (as at the beginning)
sehr kräftig, markig, very powerfully, sturdily
sehr kurz immer, always very short
Sehr langsam, very slow

Tempo v.d. Introduction, tempo of the Introduction

Ursprüngliches Allegro, original Allegro

Wie im ersten Satze, as in the first movement

p. 69: *Beinahe Melodie im gleichen Rhythmus wie im Allabreve-Takte, jedoch langsamer*
Melody in almost the same rhythm as in the *alla breve* measure, but slower

pp. 84, 100: *Allmählich wieder ins schnelle Tempo*
Gradually reattaining the fast tempo

p. 114: *Sämtliche Streicher die 3 letzten Noten des Themas immerfort abwärts gestrichen*
All strings are to play the last three notes of the theme, down-bowing throughout

p. 118: *Bässe jedoch deutlich hervortretend (Celli u. Violen)*
But bass instruments distinctly prominent (cellos and violas)

p. 119: *Celli et Violini II stets hervortretend*
Cellos and Violin II always prominent

p. 135: *Die 3 letzten Noten des Hauptthemas die Streicher immerfort kurz abwärts*
On the last three notes of the principal theme, the strings play short down-bows

p. 141: *Die Accentuierung darf natürlich nur zu **ppp** proportioniert geschehen*
The accenting should naturally be only in proportion to the ***ppp***

p. 149: *Streicher abwärts kurz immer die 3 letzten Noten des Themas No. 1 (Hauptthema)*
Strings always play short down-bows on the last three notes of Theme No. 1 (principal theme)

p. 150: *Streicher am besten auch die Achtelnoten sämtlich hier abwärts, kurz*
At this place as well, it is best for the strings to play the 8ths with short down-bows

p. 152: *Bässe (Violen u. Celli) deutlich hervortretend immer fort*
Bass instruments (violas and cellos) remain distinctly prominent

p. 154: *Kontrabässe u. Celli deutlich pizz.*
Basses and cellos distinctly *pizzicato*

p. 175: *Choral bis zum Ende **fff***
Chorale ***fff*** to the very end

Symphony No. 5
in B-flat Major

Instrumentation

2 Flutes [Flöten, Fl.]
2 Oboes [Oboen, Ob.]
2 Clarinets in B♭ [Klarinetten, Klar. (B)]
2 Bassoons [Fagotte, Fag.]

4 Horns in F [Hörner, Hrn.]
3 Trumpets in F [Trompeten, Tromb.]
3 Trombones [Alt, Tenor, Baß Posaunen, A., T., B. Pos.]
Bass Tuba [Baß-Tuba, B.-Tuba]

Timpani [Pauken, Pk.]

Violins 1, 2 [Violine, Viol.]
Violas [Viola, Vla.]
Cellos [Violoncell, Vc.]
Bass [Kontrabaß, Kb.]

SYMPHONIE Nr. 5 B-Dur

1. SATZ

beide

10

Viol. 1

dim. sempre

Viol. 2

dim. sempre

Vla.

dim. sempre

Vc.

dim. sempre

Kb.

dim. sempre

10

20

1. Fl. 2.

ff marcato

stacc.

ff marc.

Ob. 1.2

a 2

1. in B Klar. 2. in B

Fag. 1.2

1.2. in F Hrn. 3.4. in F

sempre ff

1.2. in F Tromp. 3. in F

A. T. Pos. B.

B.-Tuba

Pk.

ff

Viol. 1

Viol. 2

Vla.

Vc.

arco

Kb.

20

30 A Bewegter (im künftigen Allegro-Tempo)
Ob.1.2
a 2
pp poco a poco cresc.
1.in B
Klar.
2.in B
pp poco a poco cresc.
pp poco a poco cresc.
1.2.in F
Hrn.
3.4.in F
ff
1.2.in F
Tromp.
3.in F
ff
A.T.
Pos.
B.
ff
B.-Tuba
ff
Pk.
ppp
poco a poco cresc.
A (Bewegter, im künftigen Allegro-Tempo)
Viol.1
ppp
poco a poco cresc.
Viol.2
pp
poco a poco cresc.
divisi
trem.
Vla.
ppp
poco a poco cresc.
Vc.
pp
poco a poco cresc.
trem.
Kb.
ppp
poco a poco cresc.
30 A Bewegter (im künftigen Allegro-Tempo)

40
1.
Fl.
2.
p cresc.
sempre cresc.
a 2
Ob.1.2
1.in B
Klar.
2.in B
Fag.1.2
p poco cresc.
I.
p sempre cresc.
Hrn.
1.2.in F
Tromp.1
in F
pp
p sempre cresc.
Pk.
sempre cresc
Viol.1
Viol.2
trem.
Vla.
Vc.
Kb.
40

Ursprüngliches Adagio
50
B Allegro
1. Fl. 2.
Ob. 1.2
1. in B Klar. 2. in B
Fag. 1.2
a 2
1.2. in F Hrn. 3.4. in F
1.2. in F Tromp. 3. in F
A.T. Pos. B.
B.-Tuba
Pk.
ff
dim.
pp
(Ursprüngliches Adagio)
B (Allegro)
trem.
Viol. 1
divisi
Viol. 2
Vla.
Vc.
Kb.
gezogen
p
Ursprüngliches Adagio
50
B Allegro

60
Fl. 1
I.
p
mf
Klar. 1 in B
I.
mf
dim.
p
dim.
Viol. 1
p cresc.
dim.
dim.
p dim. sempre
pp
ppp
Viol. 2
p cresc.
dim.
dim.
p dim. sempre
pp
ppp
Vla.
gezogen
mf cresc.
dim.
mf
dim.
p
dim.
pp
Vc.
gezogen
mf cresc.
dim.
mf
dim.
p
dim.
pp
Kb.
60
70
Ob. 1.2
a 2
p poco a poco cresc.
sempre cresc.
1. in B
Klar.
2. in B
pp
dim.
ppp
p poco a poco cresc.
sempre cresc.
Viol. 1
sempre ppp
pp poco a poco cresc.
sempre cresc.
Viol. 2
sempre ppp
pp poco a poco cresc.
sempre cresc.
Vla.
dim.
ppp
p poco a poco cresc.
sempre cresc.
Vc.
dim.
ppp
p poco a poco cresc.
sempre cresc.
Kb.
70

80

1. Fl. 2.

Ob. 1.2

1. in B Klar. 2. in B

Fag. 1.2

1.2. in F Hrn. 3.4. in F

1.2. in F Tromp. 3. in F

A.T. Pos. B.

B.-Tuba

Pk.

Viol. 1

Viol. 2

Vla.

Vc.

Kb.

a 2 — ff — sempre ff — marcato sempre — marcato — ff marcato — ff marcato sempre — divisi — gezogen

80

90
1. Fl. 2.
Ob. 1.2
1. in B Klar. 2. in B
a 2
Fag. 1.2
1.2. in F Hrn. 3.4. in F
dim.
1.2. in F Tromp. 3. in F
A. T. Pos. B.
Pk.
(ff)
(dim.)
p dim.
pp dim.
Viol. 1
p sempre dim.
Viol. 2
Vla.
Vc.
Kb.
p sempre dim.
pp dim.
90
100
C
pizz.
ppp
p
100

Viol.1
Viol.2
Vla.
Vc.
Kb.
pp
p
cresc.
ppp
G Saite fort
arco
divisi
p crescendo
110
und fort
p cresc.
pp dim.
ritard.
D Tempo Imo
120
1.2.in F
Hrn.
3.4.in F
(pp)
(dim.)
dim.
I.(=III.)
II.(=IV.)
mf
p cresc. sempre
gestrichen

ritenuto
130
1.2.in F
Hrn.
3.4.in F
A.T.
Pos.
B.
ritenuto
gestrichen
hervortretend
cresc.
dim.
Viol.1
Viol.2
Vla.
Vc.
Kb.
(ritenuto)
130
a Tempo
I.
semprepp
Fl.1
Klar. 1
in B
I.
sempre pp
1.2.in F
Hrn.
3.in F
I.(=III.)
in Des
Pk.
a Tempo
Viol.1
Viol.2
Vla.
Vc.
Kb.
(a Tempo)

140
1.
Fl.
2.
Ob.1.2
Klar.1
in B
1.2.in F
Hrn.
3.in F
Pk.
E
150
1.2.in F
Hrn.
3.4.in F
A.T.
Pos.
B.
Viol.1
G Saite
pp crescendo
Viol.2
(div.)
pizz.
pp
cresc.
Vla.
Vc.
I.
II.pizz.
(pp)arco
cresc.f
Kb.

1. in F
Hrn.
3.4. in F
I.
ppp
Viol. 1
Viol. 2
Vla.
Vc.
Kb.
dimin.
pp
f
pizz.
160
F
1.
Fl.
2.
mf
cresc.
Ob. 1. 2
1. in B
Klar.
2. in B
Fag. 1. 2
p
1. in F
Hrn.
3.4. in F
I. (=III.)
Tromp. 1 in F
mf cresc.
arco
divisi
crescendo

170
Fl.
1.
2.
Ob. 1. 2
Klar.
1. in B
2. in B
Fag. 1. 2
Hrn.
1. 2. in F
3. 4. in F
Tromp.
1. 2. in F
3. in F
Pos.
A. T.
B.
Viol. 1
Viol. 2
Vla.
Vc.
Kb.
a 2
ff
mf
p
cresc.
cresc. sempre
I. (=III.)
(p)
I.
divisi
170

180

G
1. Fl. 2.
Ob.1.2
1. in B Klar. 2. in B
Fag.1.2
1.2. in F Hrn. 3.4. in F
1.2. in F Tromp. 3. in F
A.T. Pos. B.
Viol. 1
Viol. 2
Vla.
Vc.
Kb.
ff marcato
mf
ff marcato sempre
ff
divisi
gestrichen, mehr gezogen
gestrichen, gezogen

180

G

sempre ff
1.
Fl.
2.
ff marcato
a 2
Ob.1.2
1. in B
Klar.
2. in B
Fag. 1.2
1.2. in F
Hrn.
3.4. in F
1.2. in F
Tromp.
3. in F
A.T.
Pos.
B.
B.-Tuba
Viol. 1
Viol. 2
Vla.
Vc.
Kb.
p
pp
cresc.
ff
sempre ff

190
1.
Fl.
2.
Ob.1.2
a 2
1. in B
Klar.
2. in B
Fag.1.2
1.2.in F
Hrn.
3.4.in F
1.2.in F
Tromp.
3.in F
A.T.
Pos.
B.
B.-Tuba
Viol.1
Viol.2
Vla.
Vc.
Kb.
mf cresc.
cresc.
cresc. sempre
gestrichen
kurz
kurz gestrichen
190

H sempre ff 200

1. Fl. 2.
p poco a poco cresc.
mf sempre cresc.
ff
a 2 sempre

Ob. 1.2
a 2
p poco a poco cresc.
mf sempre cresc.
ff

1. in B Klar. 2. in B
p poco a poco cresc.
mf sempre cresc.
ff
a 2 sempre

Fag. 1.2
(a 2)
pp poco a poco cresc.
mf sempre cresc.
ff

1.2. in F Hrn. 3.4. in F
(a 2)
p cresc.
mf cresc.
f cresc.
a 2
ff
p poco a poco cresc.
mf cresc.
f

1.2. in F Tromp. 3. in F
a 2
mf cresc.
ff

A.T. Pos. B.
a 2
ff

B.-Tuba
ff

H sempre ff

Viol. 1
p poco a poco cresc.
mf sempre cresc.
ff

Viol. 2
p poco a poco cresc.
mf sempre cresc.
ff

Vla.
p poco a poco cresc.
mf sempre cresc.
ff

Vc.
gestrichen
p poco a poco cresc.
mf sempre cresc.
ff

Kb.
gestrichen
p poco a poco cresc.
mf sempre cresc.
ff

H sempre ff 200

210
1.
Fl.
2.
(a 2)
Ob.1.2
a 2
p
1. in B
Klar.
2. in B
pp
(a 2)
Fag.1.2
1.2. in F
Hrn.
3.4. in F
a 2 sempre
(a 2)
1.2. in F
Tromp.
3. in F
A.T.
Pos.
B.
B.-Tuba
divisi
Viol. 1
Viol. 2
Vla.
Vc.
Kb.
210

220
1.
Fl.
2.
a 2
cresc.
mf
Ob.1.2
1. in B
Klar.
2. in B
cresc.
1.2. in F
Hrn.
3. in F
I. (=III.)
II.
I.
mf cresc.
cresc.
f
Viol. 1
Viol. 2
Vla.
Vc.
Kb.
cresc. sempre
p cresc. sempre
ppp
220
Fl. 1
1. in F
Hrn.
3. in F
I. (=III.)
pp
ppp
230
230

Tempo v.d. Introduction
Adagio
240
Fl. 1
1.2. in F
Hrn.
3.4. in F
(Adagio)
Viol. 1
Viol. 2
Vla.
Vc.
Kb.
pizz.
(Adagio)
240
Allegro
Adagio
1.
Fl.
2.
Ob. 1.2
1. in B
Klar.
2. in B
Fag. 1.2
1.2. in F
Hrn.
3.4. in F
1.2. in F
Tromp.
3. in F
A.T.
Pos.
B.
B.-Tuba
(Allegro)
(Adagio)
Viol. 1
Viol. 2
Vla.
Vc.
Kb.
(Allegro)
(Adagio)

250

1. Fl. 2.

Ob. 1. 2 — a 2

1. in B Klar. 2. in B

Viol. 1 — I. II.

Viol. 2

cresc. mf p gezogen

250

260

Allegro

1. Fl. 2.

Ob. 1. 2 — (a 2)

1. in B Klar. 2. in B

Fag. 1. 2 — a 2

1. 2. in F Hrn. 3. 4. in F — I. mf

1. 2. in F Tromp. 3. in F — a 2

A. T. Pos. B. — a 2

B.-Tuba

Pk.

ff marc. stacc. mf ff

(Allegro)

Viol. 1

Viol. 2

Vla.

Vc.

Kb.

ff marc. stacc.

(Allegro)

260

K
270
1.
Fl.
2.
cresc.
ff
a 2
Ob.1.2
1. in B
Klar.
2. in B
Fag.1.2
(I)
1.2. in F
Hrn.
3.4. in F
Tromp.
3.in F
A.T.
Pos.
B.
B.-Tuba
Pk.
Viol.1
divisi
Viol.2
Vla.
gezogen
Vc.
Kb.
270
K

280

1. Fl. 2.

Ob. 1.2 — a 2 — *p* — *p cresc.*

1. in B Klar. 2. in B — *f*

Fag. 1.2 — a 2 — *p* — *cresc.*

1.2. in F Hrn. 3.4. in F — (a 2) — I. *mf*

1.2. in F Tromp. 3. in F

A.T. Pos. B. — (a 2)

B.-Tuba

Viol. 1 — *p cresc.* — divisi — *mf*

Viol. 2 — *pp* — (*p*) *cresc.* — divisi — *mf*

Vla. — *pp* — *cresc.* (*p*) — *mf*

Vc.

Kb.

280

L
290
1. Fl. 2.
ff
ff marc. stacc.
Ob. 1. 2
a 2
ff marc. stacc. sempre
1. in B Klar. 2. in B
Fag. 1. 2
1. 2. in F Hrn. 3. 4. in F
I. ff
1. 2. in F Tromp. 3. in F
A. T. Pos. B.
Tenor
ff marc. stacc.
B.-Tuba
Pk.
Viol. 1
Viol. 2
gezogen
stacc.
Vla.
divisi
Vc.
ff marc. stacc. sempre
I. II.
gezogen
Kb.
290

1.
Fl.
2.
Ob.1.2
1. in B
Klar.
2. in B
Fag 1.2
1.2. in F
Hrn.
3.4. in F
1.2. in F
Tromp.
3. in F
A.T.
Pos.
B.
B.-Tuba
Pk.
Viol. 1
Viol. 2
Vla.
Vc.
Kb.
ff marc.
stacc.
marc. stacc. sempre
marc. stacc.
a 2
ff sempre
(div.)

300
1.
Fl.
2.
Ob. 1. 2
1. in B
Klar.
2. in B
Fag. 1. 2
1. 2. in F
Hrn.
3. 4. in F
1. 2. in F
Tromp.
3. in F
A. T.
Pos.
B.
B.-Tuba
Viol. 1
Viol. 2
Vla.
Vc.
Kb.
pp
p
I.
cresc.
stacc.
(a 2)
300

M
1.
Fl.
2.
Ob. 1. 2
1. in B
Klar.
2. in B
Fag. 1. 2
1. 2. in F
Hrn.
3. 4. in F
1. 2. in F
Tromp.
3. in F
A. T.
Pos.
B.
B.-Tuba
Pk.
Viol. 1
Viol. 2
Vla.
Vc.
Kb.
a 2
ff
stacc.
sempre ff stacc. sempre
sempre ff
(sempre ff)
ff stacc. sempre
stacc. sempre
stacc. sempre

310
1.
Fl.
2.
Ob. 1. 2
a 2 sempre
stacc. sempre
1. in B
Klar.
2. in B
stacc.
stacc. sempre
Fag. 1. 2
stacc.
1. 2. in F
Hrn.
3. 4. in F
dim.
1. 2. in F
Tromp.
3. in F
stacc. sempre
A. T.
Pos.
B.
ff
B.-Tuba
Pk.
(ff)
Viol. 1
dim.
Viol. 2
Vla.
(A)
pp
Vc.
Kb.
310

N
1.
Fl.
2.
Ob. 1. 2
1. in B
Klar.
2. in B
Fag. 1. 2
1. 2. in F
Hrn.
3. 4. in F
1. 2. in F
Tromp.
3. in F
A. T.
Pos.
B.
B.-Tuba
Pk.
Viol. 1
Viol. 2
Vla.
Vc.
Kb.
pp
pp sempre
fff
sf
a 2
I.
(pp)
N

320
1.
Fl.
2.
(a 2)
Ob. 1. 2
1. in B
Klar.
2. in B
(a 2)
Fag. 1. 2
1. 2. in F
Hrn.
a 2
3. 4. in F
1. 2. in F
Tromp.
3. in F
A. T.
Pos.
B.
B.-Tuba
Pk.
Viol. 1
Viol. 2
Vla.
Vc.
Kb.
320

1.
Fl.
2.
Ob. 1. 2
1. in B
Klar.
2. in B
Fag. 1. 2
1. 2. in F
Hrn.
3. 4. in F
1. 2. in F
Tromp.
3. in F
A. T.
Pos.
B.
B.-Tuba
Pk.
Viol. 1
Viol. 2
Vla.
Vc.
Kb.
a 2
I.
pp
cresc.
fff
sf

340
Fl. 1
Ob. 1
1. in B
Klar.
2. in B
Fag. 1
1. 2. in F
Hrn.
3. 4. in F
1. 2. in F
Tromp.
3. in F
A. T.
Pos.
B.
B.-Tuba
Viol. 1
Viol. 2
Vla.
Vc.
Kb.
pizz.
ppp
p
dim.
ff
340

350
Fl. 1
Ob. 1
Klar. 1 in B
1. 2. in F
Hrn.
3. 4. in F
1. 2. in F
Tromp.
3. in F
A. T.
Pos.
B.
B.-Tuba
Pk.
Viol. 1
Viol. 2
Vla.
Vc.
Kb.
I.
p
pp
arco
divisi
ppp
pp poco a poco cresc.
poco a poco cresc.
350

1.
Fl.
2.
Ob. 1. 2
1. in B
Klar.
2. in B
Fag. 1. 2
1. 2. in F
Hrn.
3. 4. in F
1. 2. in F
Tromp.
3. in F
A. T.
Pos.
B.
Pk.
Viol. 1
Viol. 2
Vla.
Vc.
Kb.
a 2
mf cresc.
f cresc. sempre

360

O

1. Fl. 2. — ff — ff marc.

Ob. 1. 2 — ff — a 2 — ff marc.

Klar. 1. in B — ff — ff marc.

Klar. 2. in B — ff — ff marc.

Fag. 1. 2 — ff — ff marc.

Hrn. 1. 2. in F — ff — a 2 — ff marc.

Hrn. 3. 4. in F — ff — a 2 — ff marc.

Tromp. 1. 2. in F — ff — a 2 — ff marc.

Tromp. 3. in F — ff — ff

Pos. A. T. — ff — a 2 — ff

Pos. B. — ff — ff

B.-Tuba — ff

Pk. — ff — ff

O

Viol. 1 — ff — ff

Viol. 2 — ff — (div.) — ff

Vla. — ff — ff

Vc. — ff — ff — gezogen

Kb. — ff — ff — gezogen

O

360

370
Fl.
1.
2.
a 2
Ob. 1. 2
1 in B
Klar.
2 in B
Fag. 1. 2
ff marc.
1. 2. in F
Hrn.
3. 4. in F
I.
1. 2. in F
Tromp.
3. in F
A. T.
Pos.
B.
Pk.
(div.)
gezogen
Viol. 1
Viol. 2
Vla.
Vc.
Kb.
dim.
370

380
P
Fl. 1
Hrn. 1. 2 in F
Viol. 1
Viol. 2
Vla.
Vc.
Kb.
Möglichst auf der G-Saite zu spielen
arco
pizz.
p cresc.
pp dim.
ppp
380
ritardando
Q Tempo Imo
390
Ob. 1. 2
1. in B
Klar.
2. in B
Fag. 1. 2
1. 2. in F
Hrn.
3. 4. in F
Tromp. 1. 2 in F
a 2
I.
II.
I. (= III.)
II. (= IV.)
dim.
cresc. sempre
p cresc. sempre

ritenuto
400
1. Fl. 2.
Ob. 1.2
a 2
I.
1. in B Klar. 2. in B
Fag. 1
(I.)
cresc.
1.2. in F Hrn. 3.4. in F
A.T. Pos. B.
Viol. 1
Viol. 2
Vla.
Vc.
Kb.
gestrichen
ritenuto
gestrichen
(ritenuto)
400
a Tempo
R
410
1.2. in F Hrn. 3. in F
I.
II.
I. (III.)
p cresc.
cresc.
dim.
Tromp. 1 in F
I.
A.T. Pos. B.
dim.
Pk.
hervortretend
cresc.
dim.
a Tempo
R
arco
cresc.
divisi pizz.
cresc.
pizz.
cresc.
I.
II.
pizz.
arco
cresc.
pizz.
cresc.
(a Tempo)
R
410

1.
Fl.
2.
Ob.1.2
1.in B
Klar.
2.in B
1.2.in F
Hrn.
3.4.in F
Tromp.1
in F
A.T.
Pos.
B.
Viol.1
Viol.2
Vla.
Vc.
Kb.
a 2
I.
(div.)
cresc.
ppp
f
420
1.in F
Hrn.
3.4.in F
Tromp.1
in F
Viol.1
Viol.2
Vla.
Vc.
Kb.
(dimin.)
pizz
pp
ppp

430

S

Fl. 1. 2.

Ob. 1. 2

Klar. 1. in B 2. in B

Fag. 1

Hrn. 1. 2. in F 3. in F

Tromp. 1. 2. in F

Pos. A. T. B.

Pk.

S

Viol. 1

Viol. 2

Vla.

Vc.

Kb.

mf cresc. ff I. a 2 I. (=III.) mf cresc. pp p arco

S

430

1.
Fl.
2.
Ob.1.2
1. in B
Klar.
2. in B
Fag. 1
1.2. in F
Hrn.
3.4. in F
Tromp. 1.2. in F
A.T.
Pos.
B.
Pk.
Viol. 1
Viol. 2
Vla.
Vc.
Kb.
a2
I.
mf
mf cresc.
poco a poco cresc.
mf cresc.
cresc.
p
kurz gestrichen
gestrichen

440
1.
Fl.
2.
cresc.
Ob. 1.2
(a 2)
1. in B
Klar.
2. in B
Fag. 1.2
a 2
ff
1.2. in F
Hrn.
3.4. in F
1.2. in F
Tromp.
3. in F
A.T.
Pos.
B.
B.-Tuba
gestrichen
Viol. 1
Viol. 2
Vla.
Vc.
Kb.
T
440

450
1.
Fl.
2.
a 2
Ob.1.2
1. in B
Klar.
2. in B
Fag.1.2
a 2
1.2.in F
Hrn.
a 2
3.4.in F
1.2.in F
Tromp.
3.in F
A.T.
Pos.
B.
B.-Tuba
Viol.1
pizz.
pp
Viol.2
pizz.
pp
Vla.
pizz.
pp
Vc.
pizz.
pp
Kb.
pizz.
pp
450

U
1.
Fl.
2.
1. in B
Klar.
2. in B
Hrn. 3.4 in F
Viol. 1
Viol. 2
Vla.
Vc.
Kb.
pizz.
pp
p
poco a poco cresc.
460
V
Ob. 1. 2
1. 2. in F
Hrn.
3.4. in F
Tromp. 1. 2. in F
A.T.-Pos.
Pk.
cresc.
mf
f
a 2
arco
mf cresc. sempre
f cresc.

470

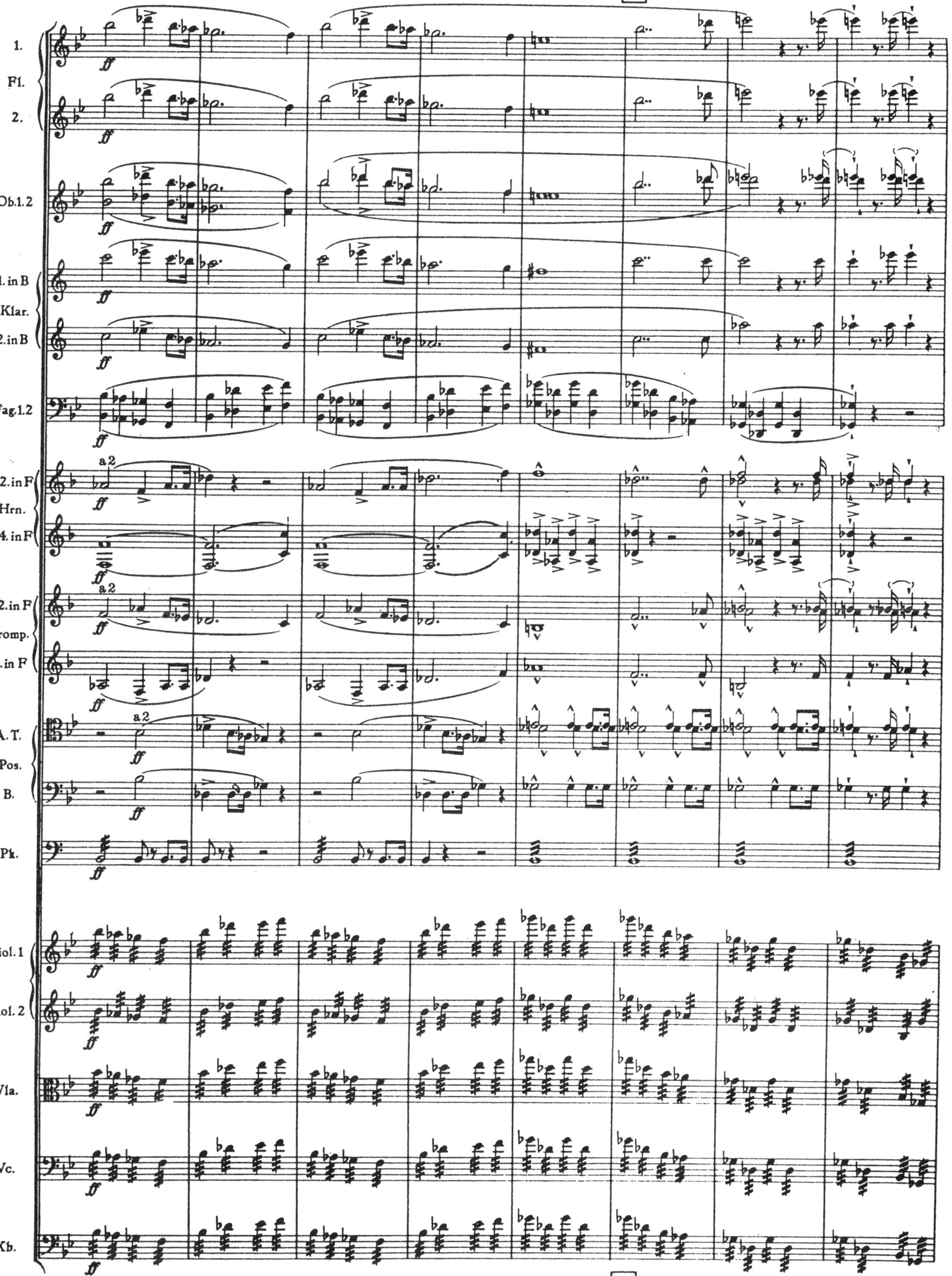
1.
Fl.
2.
Ob.1.2
1. in B
Klar.
2. in B
Fag.1.2
1.2. in F
Hrn.
3.4. in F
1.2. in F
Tromp.
3. in F
A. T.
Pos.
B.
Pk.
Viol. 1
Viol. 2
Vla.
Vc.
Kb.
ff
a 2

470

W
X
sempre ff
480
1.
Fl.
2.
Ob.1.2
1. in B
Klar.
2. in B
Fag.1.2
1.2. in F
Hrn.
3.4. in F
1.2. in F
Tromp.
3. in F
A. T.
Pos.
B.
Pk.
Viol.1
Viol.2
Vla.
Vc.
Kb.
cresc.
dim.
stacc.
ff marc.
gezogen
I. (=III.)
II. (=IV.)

Y
1.
Fl.
2.
p poco a poco cresc.
a 2
stacc.
marc.
I.
pp
a 2
p poco a poco cresc.
Ob.1.2
1. in B
Klar.
2. in B
marc.
stacc.
marcato legato
p
p poco a poco cresc.
Fag.1.2
marcato
a 2
p poco a poco cresc.
1.2. in F
Hrn.
3.4. in F
marcato
I.(=III.)
II.(=IV.)
a 2
p
(poco a poco cresc.)
1.2. in F
Tromp.
3. in F
marc.
A. T.
Pos.
B.
marc. stacc.
B.-Tuba
Viol. 1
divisi
gezogen
pp
p poco a poco cresc.
Viol. 2
marc.
stacc.
pp
pp poco a poco cresc.
Vla.
marc.
stacc.
p hervortretend
pp poco a poco cresc.
Vc.
gezogen
p poco a poco cresc.
Kb.
gezogen
p poco a poco cresc

490
Z
1.
Fl.
2.
Ob. 1.2
1. in B
Klar.
2. in B
Fag. 1.2
1.2. in F
Hrn.
3.4. in F
1.2. in F
Tromp.
3. in F
A. T.
Pos.
B.
B.-Tuba
Pk.
Viol. 1
Viol. 2
Vla.
Vc.
Kb.
a 2
(mf cresc.)
mf cresc.
fff
fff marc. sempre
(dim.)
p cresc.

500
1.
Fl.
2.
(a 2)
Ob. 1.2
1. in B
Klar.
2. in B
Fag. 1.2
1.2. in F
Hrn.
3.4. in F
1.2. in F
Tromp.
3. in F
a 2
stacc.
A.T.
Pos.
B.
B-Tuba
Pk.
Viol. 1
Viol. 2
Vla.
Vc.
Kb.
500

510

1. Fl. 2.

a 2

Ob. 1. 2

1. in B Klar. 2. in B

Fag 1. 2

1. 2. in F Hrn. 3. 4. in F

a 2

1. 2. in F Tromp. 3. in F

A. T. Pos. B.

B.-Tuba

Pk.

Viol. 1

Viol. 2

Vla.

Vc.

Kb.

510

2. SATZ. ADAGIO

10
Fl. 1
Ob. 1
Klar. 1 in B
Fag. 1
Viol. 1
Viol. 2
Vla.
Vc.
Kb.
I.
p dolce
cresc.
mf
pp
ppp
dim.
A
20
arco
p
sempre pizz.

Ob. 1
Klar. 1 in B
Pk.
Viol. 1
Viol. 2
Vla.
Vc.
Kb.
I.
p
pp spicato sempre
pizz.
dim.
ppp
(p) dim.
pp
30
B
G Saite anfangs
breit markig
breit gestrichen
G Saite
arco
divisi
sehr kräftig markig
cresc.
1. 2. in F
Hrn.
3. 4. in F
40
gestrichen
p dim.

1. Fl. 2.
Ob. 1.2
Fag. 1.2
1.2. in F Hrn. 3.4. in F
Viol. 1
Viol. 2
Vla.
Vc.
Kb.
a 2
cresc.
dim.
gezogen
50
1. in B Klar. 2. in B
A. T. Pos. B.
C
kurz
spiccato
kurz gestrichen
arco
breit
I.
I. (III)

60
1.
Fl.
2.
Ob.1.2
1. in B
Klar.
2. in B
Fag. 1.2
1.2. in F
Hrn.
3.4. in F
1.2. in F
Tromp.
3. in F
A.T.
Pos.
B.
Viol.1
Viol.2
Vla.
Vc.
Kb.
marc.
cresc.
f cresc.
a 2
gestrichen
lang gezogen
60

1.
Fl.
2.
a 2
Ob.1.2
1. in B
Klar.
2. in B
Fag.1.2
1.2. in F
Hrn.
3.4. in F
1.2.in F
Tromp.
3.in F
A.T.
Pos.
B.
Pk.
Viol.1
Viol.2
Vla.
Vc.
Kb.

70
D
1.
Fl.
2.
p
mf dimin.
a 2
Ob.1.2
1. in B
Klar.
2. in B
Fag.1.2
1. in F
Hrn.
3. in F
I.
pp
I.(=III.)
A.T.
Pos.
B.
Pk.
pizz.
divisi
arco
Viol.1
Viol.2
Vla.
Vc.
Kb.
lang gezogen
arco
pp

80
1. in B
Klar.
2. in B
p crescendo
p crescendo
Fag. 1.2
mf
I.
1.2. in F
Hrn.
I. (= III.)
3.4. in F
p
f
f
Tromp. 1
in F
I.
p
Viol. 1
p crescendo
f
dim.
Viol. 2
mf crescendo
f
Vla.
mf crescendo
f
lang gezogen
Vc.
mf crescendo
(f)
lang gezogen
Kb.
mf crescendo
(f)
80
1.
Fl.
2.
a 2
Ob. 1.2
Klar. 1
in B
Fag. 1
pp
pp
pizz.
Viol. 1
arco
Viol. 2
pizz.
Vla.
Vc.
p lang gezogen
p lang gezogen
Kb.
p lang gezogen
p lang gezogen

E
marcato sempre
1.
Fl.
2.
ff
Ob. 1.2
a 2
1. in B
Klar.
2. in B
Fag. 1.2
1.2. in F
Hrn.
3.4. in F
1.2. in F
Tromp.
3. in F
A. T.
Pos.
B.
marcato
arco
Viol. 1
Viol. 2
lang gestrichen
Vla.
Vc.
Kb.

90
Fl. 1. 2.
ff marc.
mf cresc.
ff
a 2
Ob. 1. 2
Klar. 1. in B 2. in B
Fag. 1. 2
Hrn. 1. 2. in F 3. 4. in F
p cresc.
Tromp. 1. 2. in F 3. in F
Pos. A. T. B.
Viol. 1
Viol. 2
Vla.
Vc.
Kb.
p cresc. sempre
immer lang gestrichen
90

1.
Fl.
2.
(a 2)
Ob. 1. 2
a 2
cresc. sempre
1. in B
Klar.
2. in B
Fag. 1. 2
1. 2. in F
Hrn.
3. 4. in F
dim.
1. 2. in F
Tromp.
3. in F
A. T.
Pos.
B.
Viol. 1
Viol. 2
Vla.
pp divisi
Vc.
Kb.
cresc.

100
Fl. 1
Ob. 1. 2
a 2
1. in B
Klar.
2. in B
Fag. 1. 2
(a 2)
1. 2. in F
Hrn.
3. 4. in F
F
G Saite nach Möglichkeit
Viol. 1
Viol. 2
G Saite
Vla.
lang gezogen
Vc.
f lang gestrichen
pizz.
Kb.
110
breit gezogen
(gestrichen)
cresc.
p dimin.

I.
Fl. 1
p
cresc.
120
Ob. 1
pp
Klar. 1 in B
pp
p
cresc.
Hrn. 1 in F
p
cresc.
Viol. 1
arco sempre
pp
cresc.
Viol. 2
pizz.
pp divisi
cresc.
Vla.
pizz.
pp divisi
cresc.
120
1.
Fl.
2.
f marc.
f marc.
Ob. 1.2
a 2
mf
mf
p
Klar. 1 in B
mf dim.
Fag. 1.2
a 2
mf
cresc.
f
Viol. 1
p
cresc.
mf
p
Viol. 2
p
cresc.
mf
p
Vla.
p
cresc.
mf
p
Vc.
(arco)
mf
cresc.
f
cresc.
gezogen
dim.

130
G
1.
Fl.
2.
Ob.1.2
1. in B
Klar.
2. in B
Fag.1.2
1.2. in F
Hrn.
3.4. in F
1. in F
Tromp.
3. in F
A. T.
Pos.
B.
Viol.1
Viol.2
Vla.
Vc.
Kb.
(I.)
mf marc.
p marc.
a 2
I
I.
gezogen
cresc.
arco
mf
p
f
ff
130
G

140
1. Fl. 2.
Ob.1.2
a 2
1. in B Klar. 2. in B
Fag.1.2
(dim.)
Hrn. 1.2. in F
a 2 sempre
Tromp. 1.2. in F
a 2 sempre
A. T. Pos. B.
Pk.
Viol. 1
Viol. 2
Vla.
gezogen
Vc.
Kb.
dim.
pizz.
140
Fl.1
Ob.1
Pk.
sempre pizz.
Viol.1
Viol.2
Vla.

150
Fl. 1
Ob. 1
1. in B
Klar.
2. in B
Fag. 1
Pk.
Viol. 1
Viol. 2
Vla.
diminuendo
I.
pp
(I.)
ppp
arco
160
Ob. 1. 2
Hrn. 3.4 in F
ppp sempre
pizz.

Beinahe Melodie im gleichen Rhythmus wie im Allabreve-Takte, jedoch langsamer
H
1. Fl. 2.
Ob. 1. 2
a 2
1. in B Klar. 2. in B
Fag. 1
I.
1. in F Hrn. 3. in F
I. (=III.)
Pk.
(Beinahe Melodie im gleichen Rhythmus wie im Allabreve-Takte, jedoch langsamer)
arco
Viol. 1
Viol. 2
Vla.
Vc.
Kb.
(Beinahe Melodie im gleichen Rhythmus wie im Allabreve-Takte, jedoch langsamer)
dimin.

170
1.
Fl.
2.
Ob.1.2
1. in B
Klar.
2. in B
Fag.1.2
1.2. in F
Hrn.
3.4. in F
1.2. in F
Tromp.
3. in F
A.T.
Pos.
B.
Viol. 1
Viol. 2
Vla.
Vc.
Kb.
p poco a poco cresc.
pp poco a poco cresc.
ff legato
ff (legato)
p cresc.
f
(cresc.)
a 2
ff
divisi
ff sempre
170

1. Fl. 2.
Ob. 1.2
1. in B Klar. 2. in B
Fag. 1.2
1.2. in F Hrn. 3.4. in F
1.2. in F Tromp. 3. in F
A.T. Pos. B.
Viol. 1
Viol. 2
Vla.
Vc.
Kb.
a2
dim.
I. hervortretend
II. hervortretend
Hrn. 1
dimin.
mf dimin.
dim. sempre
dim.

180
1.
Fl.
2.
(a 2)
Ob.1.2
1.in B
Klar.
2.in B
a 2
Fag.1.2
I.
dim.
1.2.in F
Hrn.
3.4.in F
II.
2.in F
Tromp.
3.in F
Ten.
T.
Pos.
B.
Viol.1
Viol.2
Vla.
Vc.
Kb.
180

1.
Fl.
2.
Ob. 1.2
(a 2)
I.
1. in B
Klar.
2. in B
Fag. 1.2
(a 2)
1.2. in F
Hrn.
3.4. in F
(a 2)
(a 2)
I.
1.2. in F
Tromp.
3. in F
a 2
A. T.
Pos.
B.
a 2
Viol. 1
Viol. 2
Vla.
Vc.
Kb.

1.
Fl.
2.
Ob. 1
1. in B
Klar.
2. in B
Fag. 1. 2
1. in F
Hrn.
3. 4. in F
1. in F
Tromp.
3. in F
A. T.
Pos.
B.
Viol. 1
Viol. 2
Vla.
Vc.
Kb.
I.
pp
ppp legato

K
1.
Fl.
2.
Ob. 1. 2
a 2
1. in B
Klar.
2. in B
Fag. 1. 2
1. 2. in F
Hrn.
3. 4. in F
a 2
mf cresc.
1. 2. in F
Tromp.
3. in F
mf cresc.
A. T.
Pos.
B.
pp poco a poco cresc.
ff legato
K
Viol. 1.
Viol. 2
Vla.
Vc.
Kb.
divisi
pp poco a poco cresc.
ff
K pp poco a poco cresc.

190
1.
Fl.
2.
ff sempre
ff sempre
(a 2)
Ob. 1. 2
ff sempre
1. in B
Klar.
2. in B
ff sempre
ff sempre
Fag. 1. 2
(a 2)
a 2
1. 2. in F
Hrn.
3. 4. in F
ff sempre
1. 2. in F
Tromp.
3. in F
(a 2)
ff sempre
ff
A. T.
Pos.
B.
ff legato
ff legato
Viol. 1
Viol. 2
Vla.
Vc.
Kb.
ff
ff
ff
ff
ff sempre
190

L
1.
Fl.
2.
a 2
Ob. 1. 2
p
1. in B
Klar.
2. in B
(a 2)
Fag. 1. 2
1. 2. in F
Hrn.
3. 4. in F
1. 2. in F
Tromp.
3. in F
A. T.
legato
Pos.
B.
legato
Pk.
ppp
Viol. 1
dim.
pp
Viol. 2
dim.
Vla.
dim.
Vc.
dim.
Kb.
dim.

1.
Fl.
2.
Ob.1.2
a 2
1. in B
Klar.
2. in B
Fag.1.2
a 2
ff
1.2. in F
Hrn.
3.4. in F
sempre ff
1.2. in F
Tromp.
3. in F
A.T.
Pos.
B.
Pk.
Viol.1
Viol.2
Vla.
Vc.
Kb.

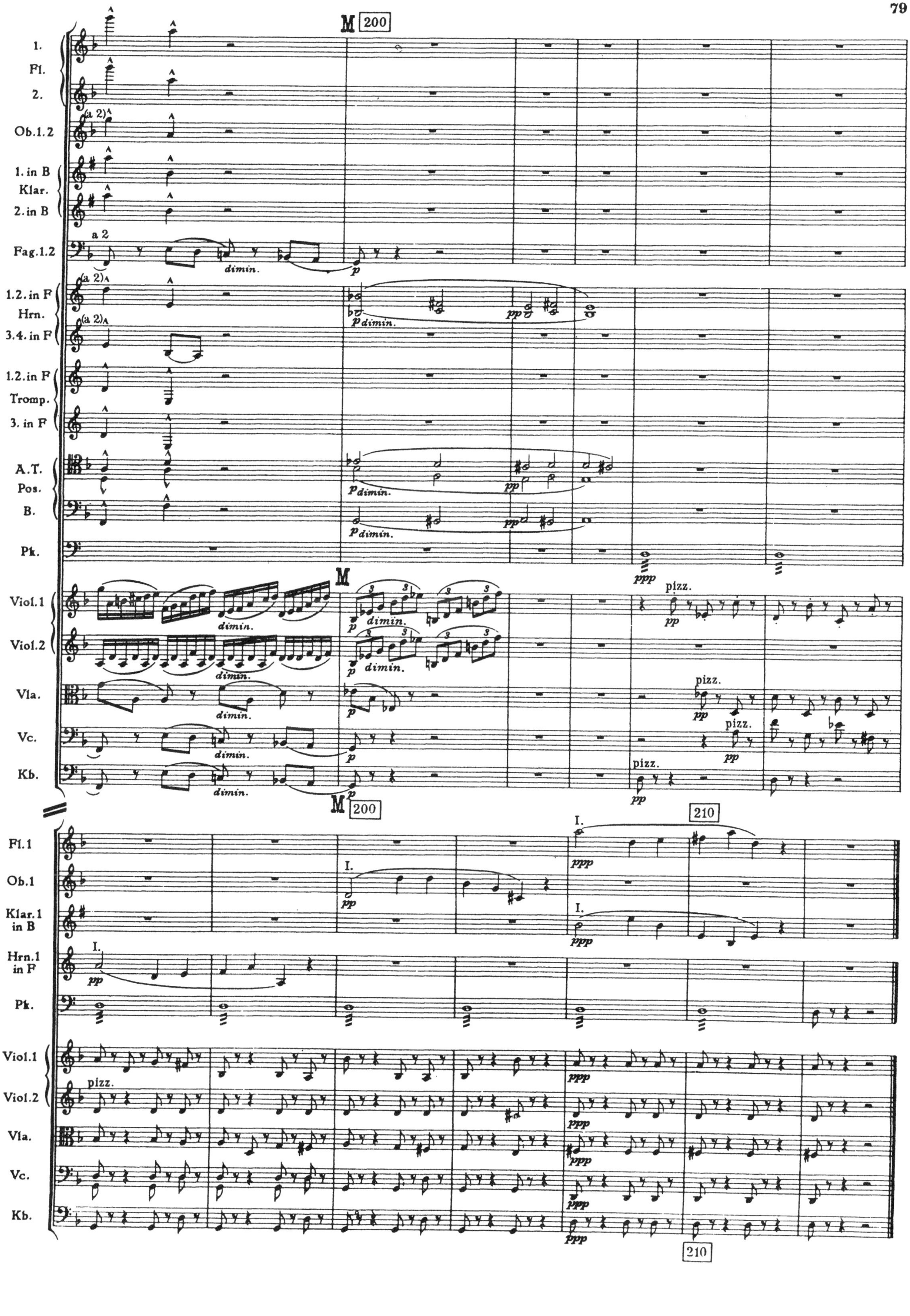

M 200
1. Fl. 2.
Ob. 1. 2
(a 2)
1. in B Klar. 2. in B
Fag. 1. 2
a 2
dimin.
p
1. 2. in F Hrn. 3. 4. in F
p dimin.
pp
1. 2. in F Tromp. 3. in F
A. T. Pos. B.
Pk.
ppp
Viol. 1
Viol. 2
Vla.
Vc.
Kb.
pizz.
M 200
210
Fl. 1
Ob. 1
Klar. 1 in B
Hrn. 1 in F
I.
Pk.
Viol. 1
Viol. 2
Vla.
Vc.
Kb.
210

3. SATZ. SCHERZO

20
Fl.
1.
2.
cresc.
ff
Ob. 1.2
(a 2)
Klar.
1. in B
2. in B
Fag. 1.2
Hrn.
1.2. in F
3.4. in F
a 2
Tromp.
1.2. in F
3. in F
Pos.
A. T.
B.
B.-Tuba
Pk.
Viol. 1
Viol. 2
Vla.
Vc.
Kb.
tr
20

Bedeutend langsamer
30
1.
Fl.
2.
Ob. 1.2
1. in B
Klar.
2. in B
Fag. 1.2
1.2. in F
Hrn.
3.4. in F
1.2. in F
Tromp.
3. in F
A. T.
Pos.
B.
a 2
ff
(Bedeutend langsamer)
Viol. 1
Viol. 2
Vla.
Vc.
Kb.
p
p hervortretend
pp
cresc.
Bedeutend langsamer
80

40
1.
Fl.
2.
(a 2)
Ob. 1.2
1. in B
Klar.
2. in B
a 2
Fag. 1.2
1. 2. in F
Hrn.
3. 4. in F
I.
1. 2. in F
Tromp.
3. in F
A. T.
Pos.
B.
Pk.
Viol. 1
Viol. 2
Vla.
Vc.
Kb.
dimin.
ff
40

Allmählich wieder ins schnelle Tempo
(poco a poco accelerando)
50
A
1.
Fl.
2.
Ob. 1.2
(a 2)
1. in B
Klar.
2. in B
Fag. 1.2
1.2. in F
Hrn.
3.4. in F
1.2. in F
Tromp.
3. in F
A. T.
Pos.
B.
Pk.
Viol. 1
Viol. 2
Vla.
Vc.
Kb.
I.
dim.
p poco a poco cresc.
pp
pp poco a poco cresc.
(Allmählich wieder ins schnelle Tempo)
poco a poco accelerando
Allmählich wieder ins schnelle Tempo
(poco a poco accelerando)
50

(sempre accelerando)

60

1. Fl. 2. — *mf* — *f*

Ob. 1.2 — *p* — a2 — *f*

Klar. 1. in B, 2. in B — *mf* — *f*

Fag. 1.2 — a2 — *f*

Hrn. 1.2. in F, 3.4. in F — a2 — *f* — crescendo — cresc.

Tromp. 1.2. in F, 3. in F — *p cresc.* — *mf* — *f* — cresc.

Pos. A.T., B. — a2 — *f* — cresc.

B.-Tuba — *f* — cresc.

Pk. — *f* — cresc.

sempre accelerando

Viol. 1 — sempre cresc. — *f* — crescendo

Viol. 2 — sempre cresc. — *f* — crescendo

Vla. — sempre cresc. — *f* — crescendo

Vc. — sempre cresc. — *f* — crescendo

Kb. — sempre cresc. — *f* — crescendo

(sempre accelerando)

60

70
1.
Fl.
2.
a 2
Ob. 1.2
1. in B
Klar.
2. in B
Fag. 1.2
(a 2)
1.2. in F
Hrn.
3.4. in F
p diminuendo
1.2. in F
Tromp.
3. in F
A.T.
Pos.
B.
B.-Tuba
Pk.
pp
Viol. 1
Viol. 2
Vla.
Vc.
Kb.
p diminuendo
(p) diminuendo
70

80
B
1.
Fl.
2.
(a 2)
Ob. 1.2
1. in B
Klar.
2. in B
Fag. 1.2
1.2. in F
Hrn.
3.4. in F
1.2. in F
Tromp.
3. in F
A. T.
Pos.
B.
Pk.
Viol. 1
Viol. 2
Vla.
Vc.
Kb.
p poco a poco crescendo
a 2
sempre a 2
p dimin.
pp poco a poco crescendo
p
pp
(p dim.)
p diminuendo
pp poco a poco cresc.
pp poco a poco cresc.
B
80

90
1.
Fl.
2.
(a 2)
Ob. 1.2
1. in B
Klar.
2. in B
a 2
Fag. 1.2
(a 2)
1.2. in F
Hrn.
3.4. in F
a 2
mf (cresc.)
1.2. in F
Tromp.
3. in F
a 2
mf (cresc.)
A.T.
Pos.
B.
a 2
B.-Tuba
Viol. 1
Viol. 2
Vla.
Vc.
Kb.
f
cresc.
ff
90

C
100
1.
Fl.
2.
(a 2)
Ob. 1.2
1. in B
Klar.
2. in B
Fag. 1.2
1.2. in F
Hrn.
3.4. in F
1.2. in F
Tromp.
3. in F
A.T.
Pos.
B.
B.-Tuba
Pk.
ff
pp
sempre pp
Viol. 1
Viol. 2
Vla.
Vc.
Kb.
pizz.

110
D
Pk.
dim.
ppp
Viol. 1
Viol. 2
Vla.
Vc.
Kb.
pp
cresc.
hervortretend
120
sempre ppp
pizz.
dimin.
sempre ppp
130
E
140
Ob. 1
Klar. 1 in B
Hrn. 1 in F
I.
p
pp

150
1. Fl. 2.
Ob. 1.2
1. in B Klar. 2. in B
Tromp. 1 in F
Pk.
Viol. 1
Viol. 2
Vla.
p
I.
pp
mf sempre cresc.
arco
pizz.
hervortretend
sempre cresc.
160
cresc.
ff
(a 2)
a 2
Fag. 1.2
1.2. in F Hrn. 3.4. in F
1.2. in F Tromp. 3. in F
A. T. Pos. B.
Vc.
Kb.
(arco)

F
170
1.
Fl.
2.
Ob. 1. 2
1. in B
Klar.
2. in B
Fag. 1. 2
1. 2. in F
Hrn.
3. 4. in F
1. 2. in F
Tromp.
3. in F
A. T.
Pos.
B.
Viol. 1
Viol. 2
Vla.
Vc.
Kb.
(a 2)
a 2
I.
pp
ff
F
170

180
ritard.
1.
Fl.
2.
(a 2)
Ob. 1. 2
I.
pp
dim.
1. in B
Klar.
2. in B
ff
pp
dim.
ppp
a 2
Fag. 1. 2
1. 2. in F
Hrn.
3. 4. in F
I.
ppp
1. 2. in F
Tromp.
3. in F
pp dim.
A. T.
Pos.
B.
ritard.
Viol. 1
Viol. 2
Vla.
Vc.
Kb.
ritard.
180

190
Bedeutend langsamer
a 2
Ob. 1. 2
p
cresc.
cresc.
1. in B
Klar.
2. in B
p
cresc.
mf
p dim.
Fag. 1. 2
a 2
p
pp
1. 2. in F
Hrn.
3. in F
a 2
crescendo sempre
I. (=III.)
p poco a poco cresc.
p dim.
(p dim.)
(Bedeutend langsamer)
Viol. 1
p poco a poco cresc.
diminuendo
Viol. 2
p
cresc.
diminuendo
Vla.
p poco a poco cresc.
diminuendo
pizz.
Vc.
poco a poco cresc.
dimin.
pizz.
Kb.
poco a poco cresc.
dimin.
Bedeutend langsamer
190
200
G
210
Fl. 1
pp
dim.
cresc.
Ob. 1
1. in B
Klar.
2. in B
Fag. 1. 2
(a 2)
dim. sempre
Hrn. 1 in F
pp dim.
pp
Viol. 1
pp poco a poco cresc.
Viol. 2
poco a poco cresc.
Vla.
Vc.
Kb.
200
G
210

220

Fl. 1 — cresc. — dim. — dimin.

Ob. 1 — cresc. — I. pp

Klar. 1 in B — I. pp — dim.

Hrn. 1. in F / 3. in F — I. (=III.) pp

Tromp. 1 in F — I. pp — dim.

Viol. 1 — sempre dim.

Viol. 2 — sempre dim.

Vla. — sempre dim.

220

H

230

Fl. 1 — I. p cresc. — (sempre cresc.)

Ob. 1. 2 — (I.) — a 2 mf — f crescendo

Klar. 1. in B / 2. in B — f cresc. — f cresc.

Fag. 1. 2 — a 2 f cresc.

Hrn. 1. 2. in F / 3. 4. in F — I. p — a 2 f cresc. — I. (=III.) p — cresc. — a 2 mf

Tromp. 1 in F — mf

H

Viol. 1 — p poco a poco crescendo — mf (cresc.) — sempre cresc. — f (cresc.)

Viol. 2 — p poco a poco crescendo — mf (cresc.) — f (cresc.)

Vla. — p poco a poco crescendo — mf (cresc.) — f (cresc.)

Vc. — (arco) — p poco a poco crescendo — mf — sempre cresc. — f (cresc.)

H

230

(a 2)
Ob. 1.2
J
240
ritard.
1. in B
Klar.
2. in B
(a 2)
a 2
Fag. 1.2
ff
(a 2)
1. 2. in F
Hrn.
3. 4. in F
(a 2)
cresc.
a 2
8bassa
1. 2. in F
Tromp.
3. in F
A. T.
Pos.
B.
ritardando
Viol. 1
pp
dim.
ppp
Viol. 2
Vla.
Vc.
(arco)
Kb.
(ritard.)
K Schnell wie anfangs
250
1.
Fl.
2.
p
Ob. 1.2
1. in B
Klar.
2. in B
Hrn. 1
in F
I.
Tromp. 1
in F
K Schnell Tempo I^mo
K Schnell wie anfangs

260
1.
Fl.
2.
Ob. 1.2
1. in B
Klar.
2. in B
Fag. 1.2
1.2. in F
Hrn.
3.4. in F
1.2. in F
Tromp.
3. in F
A. T.
Pos.
B.
Tuba
Pk.
Viol. 1
Viol. 2
Vla.
Vc.
Kb.
a 2
mf
cresc.
ff
f
crescendo
260

Bedeutend langsamer
270
1.
Fl.
2.
Ob. 1.2
a 2
1. in B
Klar.
2. in B
Fag. 1.2
1.2. in F
Hrn.
3.4. in F
a 2
a 2
1.2. in F
Tromp.
3. in F
A. T.
Pos.
B.
(Bedeutend langsamer)
Viol. 1
hervortretend
Viol. 2
Vla.
Vc.
Kb.
cresc.
(cresc.)
Bedeutend langsamer
270

280
1.
Fl.
2.
(a 2)
Ob. 1. 2
1. in B
Klar.
2. in B
Fag. 1. 2
1. 2. in F
Hrn.
3. 4. in F
1. 2. in F
Tromp.
3. in F
A. T.
Pos.
B.
Pk.
Viol. 1
Viol. 2
Vla.
Vc.
Kb.
dim.
(dim.)
I.
a 2
ff
280

290
L Allmählich wieder ins schnelle Tempo
1.
Fl.
2.
Ob.1.2
1. in B
Klar.
2. in B
Fg.
1.2.in F
Hrn.
3.4.in F
1.2.in F
Tromp.
3.in F
A. T.
Pos.
B.
Pk.
Viol.1
Viol.2
Vla.
Vc.
Kb.
(a 2)
a 2
I.
dim.
(dim.)
p poco a poco accel. et cresc.
pp poco a poco accel. et cresc.
cresc.
mf
p
L (Allmählich wieder ins schnelle Tempo)
L Allmählich wieder ins schnelle Tempo

300
1.
Fl.
2.
Ob. 1. 2.
1. in B
Klar.
2. in B
Fag.
1.2. in F
Hrn.
3.4. in F
1.2. in F
Tromp.
3. in F
A. T.
Pos.
B.
B.-Tuba
Pk.
Viol. 1
Viol. 2
Vla.
Vc.
Kb.
a 2
(a 2)
cresc.
(cresc.)
sempre accel.
(sempre accel.)
300

310
1.
Fl.
2.
a 2
Ob. 1. 2
1. in B
Klar.
2. in B
Fag.
(a 2)
1. 2. in F
Hrn.
(a 2)
3. 4. in F
a 2
1. 2. in F
Tromp.
3. in F
A. T.
Pos.
B.
B.-Tuba
Pk.
Viol. 1
Viol. 2
Vla.
Vc.
Kb.
310

320
M
1.
Fl.
2.
p poco a poco cresc.
p poco a poco cresc.
Ob. 1.2
p poco a poco cresc.
1. in B
Klar.
2. in B
p poco a poco cresc.
p poco a poco cresc.
Fag.
1.2. in F
Hrn.
3.4. in F
a 2
p dimin.
(pp)
p dimin.
p poco a poco cresc.
mf sempre cresc.
p dimin.
pp
mf sempre cresc.
1.2. in F
Tromp.
3. in F
a 2
pp poco a poco cresc.
(mf) sempre cresc.
A. T.
Pos.
B.
B.-Tuba
Pk.
(p) dim.
pp
M
Viol. 1
(p) dimin.
pp poco a poco cresc.
sempre cresc.
Viol. 2
(p) dimin.
pp poco a poco cresc.
sempre cresc.
Vla.
(p) (dim.)
pp poco a poco cresc.
sempre cresc.
Vc.
(p) (dim.)
pp poco a poco cresc.
sempre cresc.
Kb.
(p) dimin.
pp poco a poco cresc.
sempre cresc.
320
M

330
340
N
1.
Fl.
2.
sempre cresc.
f
ff
(a 2)
Ob. 1. 2
1. in B
Klar.
2. in B
a 2
Fag. 1. 2
1. 2. in F
Hrn.
3. 4. in F
Tromp.
3. in F
A. T.
Pos.
B.
B.-Tuba
Pk.
ppp
Viol. 1
Viol. 2
Vla.
Vc.
Kb.
f (cresc.)
pp
hervortretend
350
O
sempre ppp
pp hervortretend
dim.

360

Fl. 1. 2.

Ob. 1. 2 — a 2 — *sempre a 2*

Klar. 1. in B, 2. in B

Fag. 1. 2 — a 2

Hrn. 1. 2. in F, 3. 4. in F — a 2

Tromp. 1. 2. in F, 3. in F

Pos. A. T., B.

Pk.

Viol. 1

Viol. 2

Vla.

Vc.

Kb.

ff

360

ff
370
380
1.
Fl.
2.
(a 2)
Ob. 1. 2
1. in B
Klar.
2. in B
Fag. 1. 2
(a 2)
1. 2. in F
Hrn.
(a 2)
3. 4. in F
1. 2. in F
Tromp.
3. in F
A. T.
Pos.
B.
B.-Tuba
Pk.
Viol. 1
Viol. 2
Vla.
Vc.
Kb.
ff
370
380

TRIO
Im gleichen Tempo
Fl. 1
Ob. 1
Klar. 1 in B
Hrn. 1 in F
(Im gleichen Tempo)
sanft
dim.
Viol. 1
Viol. 2
Vla.
Vc.
Kb.
pp hervortretend
1. Fl. 2.
Ob. 1. 2
divisi
etwas hervortretend
sempre cresc.
p cresc.
cresc.
pizz.
arco

50
C
1. in B
Klar.
2. in B
Fag. 1. 2
a 2
mf cresc.
dim.
Viol. 1
Viol. 2
Vla.
Vc.
Kb.
pp
pizz.
ppp
60
1.
Fl.
2.
Ob. 1
I.
Klar. 1
in B
Fag. 1. 2
Hrn. 1. 2
in F
p
(div.)
(div.)
pizz.

70 80

Ob. 1.2
p

1. in B
Klar.
2. in B
mf cresc.

Fag. 1.2

sempre diminuendo

1. 2. in F
Hrn.
3. in F
mf f p dim.
I. (=III.)

sempre cresc.

Viol. 1
p mf cresc. diminuendo

Viol. 2
arco
mf sempre cresc. dim.

Vla.
sempre cresc. dim.

Vc.
cresc. sempre dim.

Kb.
sempre crescendo sempre diminuendo

70 80

D 90

Fl. 1
I. (p) sanft

Ob. 1
I. p

Klar. 1 in B
I. (p) sanft

Hrn. 1.2 in F
pp ppp I. p

Viol. 1

Viol. 2

Vla.

Vc.

Kb.
pp

D 90

Fl. 1
Ob. 1
Klar. 1 in B
1. 2. in F
Hrn.
3. 4. in F
1. 2. in F
Tromp.
3. in F
A. T.
Pos.
B.
Viol. 1
Viol. 2
Vla.
Vc.
Kb.
100
E
mf
dim.
I.
a 2
ff
(div.)
div.
pp
arco
110
120
(a 2)
p I.
p
mf

I.
F
130
Fl.1
pp
Ob.1.2
a 2
pp
1. in B
Klar.
2. in B
pp
pp
pp
1.2. in F
Hrn.
3.4. in F
pp
I. (= III.)
pp
(IV.)
p dim.
p dim.
F
cresc.
Viol. 1
pp
(dim.)
Viol. 2
pp divisi
(cresc.)
gestrichen
gestrichen
Vla.
pp
(cresc.)
(dim.)
Vc.
pizz.
pp
(cresc.)
(dim.)
Kb.
pizz.
F pp
(cresc.)
(dim.)
130
140
1.2. in F
Hrn.
3.4. in F
Viol. 1
p
dimin.
pp
Viol. 2
(p)
dimin.
pp
Scherzo
da capo
Vla.
(p) dimin.
pp
Vc.
p arco
dim.
pp
pizz.
Kb.
(p) dimin.
pp
140

FINALE

Adagio
1.
Flöten
2.
Oboen 1. 2
1. in B
Klarinetten
2. in B
Fagotte 1. 2
1. 2. in F
Hörner
3. 4. in F
1. 2. in F
Trompeten
3. in F
Alt, Tenor
Posaunen
Baß
Baß-Tuba
Pauken
(in B u. F tief)
(Adagio)
Violine 1
Violine 2
Viola
Violoncell
Kontrabaß
pizz.
pp
cresc.
I. p
II.
p
(Adagio)

10
Allegro moderato
Allegro
Klar. 1 in B
Tromp. 1 in F
(Allegro moderato)
(Allegro)
Viol. 1
Viol. 2
Vla.
Vc.
Kb.
cresc.
dim.
(div.)
crescendo
hervortretend
cresc. sempre
(Allegro moderato) (Allegro)
Wie im ersten Satze
20
Allegro moderato
Adagio
Fl. 1
Ob. 1
Klar. 1 in B
1. 2. in F
Hrn.
3. 4. in F
Tromp. 1 in F
cresc.
dimin.
(Allegro moderato) (Adagio)
pizz.
crescendo
cresc. sempre
(Allegro moderato) (Adagio)

*) Sämtliche Streicher die 3 letzten Noten des Themas immerfort abwärts gestrichen.

50

sehr kurz immer

1. Fl. 2.

Ob. 1.2 a 2

1. in B Klar. 2. in B

Fag. 1.2

1.2. in F Hrn. 3.4. in F a 2

1.2. in F Tromp. 3. in F a 2

A. T. Pos. B.

Pk.

Viol. 1

Viol. 2

Vla.

Vc. (ff) *marcato sempre*

Kb. (ff) *marcato sempre*

50

sempre ff
1.
Fl.
2.
Ob. 1.2
a 2
1. in B
Klar.
2. in B
Fag. 1. 2
1. 2. in F
Hrn.
3. 4. in F
(a 2)
1. 2. in F
Tromp.
3. in F
A. T.
Pos.
B.
Pk.
sempre ff
Viol. 1
Viol. 2
Vla.
Vc.
Kb.

60
1.
Fl.
2.
(a 2)
Ob 1.2
1. in B
Klar.
2. in B
(a 2)
Fag 1.2
(a 2)
1.2. in F
Hrn.
3.4. in F
a 2
1.2. in F
Tromp.
3. in F
A. T.
Pos.
B.
Pk.
Viol. 1
Viol. 2
Vla.
Vc.
Kb.
dim.
pp
ppp
(ppp)
60

*) Bässe jedoch deutlich hervortretend (Celli u. Violen).

1.
Fl.
2.
Ob. 1. 2
(a 2)
1. in B
Klar.
2. in B
Hrn. 1
in F
Tromp. 1
in F
Viol. 1
Viol. 2
Vla.
Vc.
dim.
pp
ppp
poco a poco crescendo
poco a poco cresc.
pp deutlich hervortretend
I.
80
Fag. 1. 2
a 2
p cresc.
1. 2. in F
Hrn.
3. 4. in F
(I.)
I. (=III.)
crescendo
A. T.
Pos.
B.
Kb.
Etwas mehr langsam
(Etwas mehr langsam)
hervortretend
mf
arco
mf hervortretend
Celli et Violini II stets hervortretend

90
1.2. in F
Hrn.
3.4. in F
A.T.
Pos.
B.
Viol.1
immer hervortretend
p crescendo
hervortretend
cresc.
Viol.2
Vla.
cresc. sempre
Vc.
immer hervortretend
Kb.
D Früheres Tempo
a 2
Ob.1.2
1. in B
Klar.
2. in B
Tromp.1 in F
D (Früheres Tempo)
pizz.
poco a poco cresc.

100
1. Fl. 2.
Ob. 1.2
1. in B Klar. 2. in B
1. in F Hrn. 3. in F
Viol. 1
Viol. 2
Vla.
Vc.
Kb.
a 2
I.
I. (=III.)
pizz.
poco a poco cresc.
poco a poco crescendo
p cresc.
sempre f
Fag. 1.2
1. in F Hrn. 3.4. in F
Tromp. 1 in F
(a 2)
cresc.
(cresc.)
mf cresc.
sempre f

E
1.
Fl.
2.
a 2
Ob.1.2
1.in B
Klar.
2.in B
(a 2)
Fag.1.2
1.in F
Hrn.
3.4.in F
f
I.
f
Tromp.1
in F
Viol.1
cresc.
Viol.2
Vla.
arco
arco
Vc.
arco
Kb.
110
a 2
Ob.1.2
f
p
dim.
pp
1.in B
Klar.
2.in B
(p)
dim.
a 2
Fag.1.2
f
dim.
p dim.
1.2.in F
Hrn.
3.in F
I.(=III.)
p dim.
pp
Tromp.1
in F
diminuendo
pizz.
arco
pizz.
Viol.1
Viol.2
Vla.
Vc.
Kb.
cresc.

120
1.
Fl.
2.
mf
dim.
Ob. 1.2
p
cresc.
1. in B
Klar.
2. in B
Fag. 1
I.
1.2. in F
Hrn.
I. (= III.)
3. in F
1. in F
Tromp.
3. in F
Viol. 1
arco
Viol. 2
Vla.
pizz.
Vc.
Kb.
120

1. Fl. 2.
Ob. 1.2
1. in B Klar. 2. in B
Fag. 1.2
a 2
1. 2. in F Hrn. 3. in F
I. (= III.)
Viol. 1
Viol. 2
Vla.
Vc.
Kb.
f
(cresc.)
cresc.
dim.
arco
divisi
pp
ppp
pizz.
sempre pp
p hervortretend
130

F
1.
Fl.
2.
Ob.1.2
1.in B
Klar.
2.in B
Fag.1.2
1.2.in F
Hrn.
3.4.in F
1.2.in F
Tromp.
3.in F
A.T.
Pos.
B.
Pk.
Viol.1
Viol.2
Vla.
Vc.
Kb.
a 2
ff sempre marcato
(ff)
pizz.
arco
rubato
pp
ppp
ff
markiert gestrichen
marcato

140
sempre ff
1.
Fl.
2.
Ob.1.2
1.in B
Klar.
2.in B
Fag.1.2
1.2.in F
Hrn.
3.4.in F
1.2.in F
Tromp.
3.in F
A.T.
Pos.
B.
Pk.
Viol.1
Viol.2
Vla.
Vc.
Kb.
(a 2)
a 2
ff sempre marcato
(sempre ff)
sempre ff
140

150
1.
Fl.
2.
(a 2)
Ob. 1.2
1. in B
Klar.
2. in B
(a 2)
Fag. 1.2
(a 2)
1.2. in F
Hrn.
(a 2)
3.4. in F
1.2. in F
Tromp.
3. in F
(a 2)
A. T.
Pos.
B.
markiert gestrichen
Viol. 1
markiert gestrichen
Viol. 2
markiert gestrichen
Vla.
markiert gestrichen
Vc.
markiert gestrichen
Kb.
150

1.
Fl.
2.
(a 2)
Ob.1.2
1. in B
Klar.
2. in B
(a 2)
Fag.1.2
(a 2)
1.2. in F
Hrn.
(a 2)
3.4. in F
1.2. in F
a 2
Tromp.
3. in F
A.T.
a 2
Pos.
B.
viol.1
Viol.2
Vla.
Vc.
Kb.

160
G
1. Fl. 2.
Ob. 1.2
1. in B Klar. 2. in B
Fag. 1.2
1.2. in F Hrn. 3.4. in F
1.2. in F Tromp. 3. in F
A.T. Pos. B.
Pk.
Viol. 1
Viol. 2
Vla.
Vc.
Kb.
(a 2)
dim.
p dim.
I. p
pp
ppp

170
Fl.1
Ob.1
Klar.1 in B
Fag.1.2
Hrn.1 in F
Tromp.1 in F
Pk.
Viol.1
Viol.2
Vla.
Vc.
Kb.
I.
pp
dim.
ppp
170
H
180
1.2.in F
Hrn.
3.4.in F
Tromp.
3.in F
A.T.
Pos.
B.
B.-Tuba
ff
a 2
(div)
pp
ppp
180

190
1.2. in F
Hrn.
3.4. in F
a 2
1.2. in F
Tromp.
3. in F
I.
pp
dim.
ff
A.T.
Pos.
B.
B.-Tuba
Viol. 1
Viol. 2
Vla.
Vc.
Kb.
pizz.
ppp
arco
divisi
200
210
Pk.
cresc.
crescendo
ppp sempre
sempre ppp
dim.

I
220
1.
Fl.
2.
Ob. 1. 2
a 2
1. in B
Klar.
2. in B
Hrn. 1
in F
I.
Viol. 1
Viol. 2
Vla.
Vc.
Kb.
pizz.
pp
ppp
K
Fl. 1
Ob. 1
Klar. 1
in B
mf
ruhig gestrichen
arco
p

230

1. Fl. 2.

1. in B Klar. 2. in B

Viol. 1 — arco, *f*, *cresc.*, *f*

Viol. 2 — *ppp*, *crescendo*, *cresc.*, *f*

Vla. — *ppp*, *crescendo*, *cresc.*, *f* arco

Vc. — *f* arco

Kb. — *f*

230 — 240

Viol. 1 — *cresc.*, *diminuendo*

Viol. 2 — *creso.*, *diminuendo*

Vla. — *creso.*, *diminuendo*

Vc. — *cresc.*, *cresc.*, *diminuendo*

Kb. — *cresc.*, *cresc.*, *diminuendo*

240

1. Fl. 2. — *mf*, *mf*, *f*

Ob. 1. 2 — *mf*, a 2, *f*

1. in B Klar. 2. in B — *f marcato*, *cresc.*, *pp*, *ppp*

Fag. 1. 2 — a 2, *pp*, *ppp*

Viol. 1 — *p*, *f*

Viol. 2 — *p*, (*pp*), *ppp*, *cresc.*

Vla — *f*, *cresc.*, *p*, *pp*, *cresc.*

Vc. — *p*, *pp*, *ppp*, *cresc.*

Kb. — *p*, *pp*, *ppp*, *cresc.*

250
1.
Fl.
2.
Ob. 1.2
1. in B
Klar.
2. in B
Fag. 1. 2
Viol. 1
Viol. 2
Vla.
Vc.
Kb.
a 2
marcato
cresc.
(f) marcato
f marcato
mf
f
cresc. sempre
250
260
(a 2)
(cresc. sempre)
dim.
260

Die 3 letzten Noten des Hauptthemas die Streicher immerfort kurz abwärts

marcato
280
1.
Fl.
2.
mf
cresc.
marcato
Ob. 1.2
a 2
ff
1. in B
Klar.
2. in B
Fag. 1.2
ff marcato
1. 2. in F
Hrn.
3. 4. in F
(a 2)
1. 2. in F
Tromp.
3. in F
A. T.
Pos.
B.
Viol. 1
p
Viol. 2
fff
Vla.
Vc.
tr
Kb.
280

1.
Fl.
2.
Ob. 1.2
1. in B
Klar.
2. in B
Fag. 1.2
1.2. in F
Hrn.
3.4. in F
1.2. in F
Tromp.
3. in F
A. T.
Pos.
B.
Viol. 1
Viol. 2
Vla.
Vc.
Kb.
(a2)
a2
sempre ff
ff
(sempre) ff

290
Fl.
1.
2.
(a 2)
Ob. 1.2
1. in B
Klar.
2. in B
a 2
Fag. 1.2
ff
1.2. in F
Hrn.
3.4. in F
a 2
mf
1.2. in F
Tromp.
3. in F
(mf)
(a 2)
A.T.
Pos.
B.
Viol. 1
Viol. 2
Vla.
Vc.
Kb.
f
p
290

300
1.
Fl.
2.
Ob. 1.2
1. in B
Klar.
2. in B
Fag. 1.2
1.2. in F
Hrn.
3.4. in F
1.2. in F
Tromp.
3. in F
A. T.
Pos.
B.
Viol. 1
Viol. 2
Vla.
Vc.
Kb.
a 2
mf
cresc.
p
f
poco a poco cresc.
(cresc.)
tr
300

sempre pp
M
1.
Fl.
2.
sempre a 2
Ob. 1.2
1. in B
Klar.
2. in B
1.2. in F
Hrn.
3.4. in F
a 2
1.2. in F
Tromp.
3. in F
Pos. A.T.
Viol. 1
Viol. 2
Vla.
Vc.
Kb.
310
Fl. 1
Ob. 1
Klar. 1
in B
Fag. 1
1. in F
Hrn.
3. in F
Tromp. 1
in F
Viol. 1
Viol. 2
Vla.
Vc.
Kb.
sempre pp
cresc.
dim.
sempre (pp)
(dim.)

Die Accentuierung darf natürlich nur zu *ppp* proportioniert geschehen.

330
1.
Fl.
2.
(a 2)
Ob.1.2
I.
1. in B
Klar.
2. in B
(a 2)
Fag.1.2
(I.)
1.2. in F
Hrn.
3.4. in F
I.(=III.)
Tromp.
1.2. in F
a 2
A.T.
Pos.
B.
Viol.1
Viol.2
Vla.
Vc.
Kb.
dim.
p
pp
ff
p dim.
330
0

340
1.
Fl.
2.
(dim.)
(dim.)
Ob. 1.2
a 2
(dim.)
1. in B
Klar.
2. in B
pp
dim.
dim.
Fag. 1.2
a 2
1.2. in F
Hrn.
3.4. in F
a 2
p
1.2. in F
Tromp.
3. in F
I.
a 2
pp
A.T.
Pos.
B.
dimin.
Viol. 1
cresc.
Viol. 2
cresc.
dim.
Vla.
(cresc.)
dim.
Vc.
cresc.
dim.
Kb.
cresc.
dim.
340

sempre pp
1. Fl. 2.
I.
pp
O. 1
1. in B Klar. 2. in B
Fag. 1
(pp)
1. in F Hrn. 3.4. in F
(a 2)
1.2. in F Tromp. 3. in F
A.T. Pos. B.
(p)
Viol. 1
Viol. 2
Vla.
Vc.
Kb.
sempre pp

350
1. Fl. 2.
Ob. 1. 2.
1. in B Klar. 2. in B
Fag. 1. 2
1. 2. in F Hrn. 3. 4. in F
1. in F Tromp. 3. in F
A. T. Pos. B.
Pk.
Viol. 1
Viol. 2
Vla.
Vc.
Kb.
350

P
Fl. 1
Ob. 1
Klar. 1 in B
Fag. 1
Hrn. 1 in F
Viol. 1
Viol. 2
Vla.
Vc.
pp sempre
360
1. Fl. 2.
Ob. 1. 2
1. in B Klar. 2. in B
1. in F Hrn. 3. in F
I. (=III.)
Tromp. 1. in F
Pk.
sempre ppp
Kb.
360

370
1.
Fl
2.
Ob.1.2
1. in B
Klar.
2. in B
Fag.1.2
a 2
1.2. in F
Hrn.
3.4. in F
(I.)
1.2. in F
Tromp.
3. in F
A.T.
Pos.
B.
Pk.
Viol. 1
Viol. 2
Vla.
Vc.
Kb.
p poco a poco cresc.
mf
(cresc.)
f cresc.
cresc.
370

1.
Fl.
2.
Ob. 1.2
1. in B
Klar.
2. in B
Fag. 1.2
1.2. in F
Hrn.
3.4. in F
1.2. in F
Tromp.
3. in F
A. T.
Pos.
B.
B.-Tuba
Pk.
Viol. 1
Viol. 2
Vla.
Vc.
Kb.

Q

(a 2) a 2 a 2 sempre a 2 a 2

ff fff (cresc.) cresc.

Streicher abwärts kurz immer die 8 letzten Noten des Themas № 1 (Hauptthema)

Streicher am besten auch die Achtelnoten sämtlich hier abwärts, kurz

R a Tempo
400
Fl.
ppp
(a 2)
Ob. 1.2
1. in B
Klar
2. in B
p
Fag. 1.2
a 2
1.2. in F
Hrn.
3.4. in F
1.2. in F
Tromp.
3. in F
A. T.
Pos.
B.
Viol. 1
dim.
p hervortretend
crescendo
Viol. 2
p cresc.
Vla.
Vc.
pizz.
p (deutlich hervortretend)
cresc.
Kb.
p deutlich hervortretend

Bässe (Violen u. Celli) deutlich hervortretend immer fort.

410

Fl. 1 — poco a poco cresc. — cresc.

Ob. 1 — poco a poco cresc. — cresc.

Klar. 1. in B, 2. in B — poco a poco cresc. — cresc.

Fag. 1. 2 — (I.) — poco a poco cresc. — a 2 — (p) (cresc.)

Hrn. 1. 2. in F, 3. in F — I. pp — poco a poco cresc. — cresc.

Tromp. 1. 2. in F, 3. in F — pp — poco a poco cresc. pp — pp poco a poco cresc. — cresc.

Viol. 1 — poco a poco cresc. — cresc.

Viol. 2 — poco a poco cresc. — cresc.

Vla. — poco a poco cresc. — cresc.

Vc. — poco a poco cresc. — cresc.

410

S Etwas langsamer

Ob. 1. 2 — a 2 — mf

Fag. 1. 2 — (a 2) — a 2 — mf

Hrn. 1. 2. in F, 3. in F — pp — I. (=III.) pp

Pos. A. T., B. — pp

S (Etwas langsamer)

Viol. 1 — hervortretend — mf — p — p crescendo

Viol. 2 — mf — mf crescendo

Vla. — arco — mf — p cresc.

Vc. — arco — mf — hervortretend — p — p cresc. — mf

Kb. — arco — pp — cresc.

S (Etwas langsamer)

*) Kontrabässe u. Celli deutlich pizz.

1.
Fl.
2.
Ob.1.2
1. in B
Klar.
2. in B
Fag.1.2
1.2.in F
Hrn.
3.in F
1.2.in F
Tromp.
3. in F
Viol. 1
Viol. 2
Vla.
Vc.
Kb.
pp
p
poco a poco cresc.
a 2
I.(=III.)
arco
pizz.
pp deutlich
cresc.
sempre cresc.

1.
Fl.
2.
Ob. 1.2
1. in B
Klar.
2. in B
a 2
Fag. 1.2
1.2. in F
Hrn.
3.4. in F
a 2
I.
1.2. in F
Tromp.
3. in F
II.
cresc.
Viol. 1
Viol. 2
Vla.
Vc.
Kb.
sempre ff

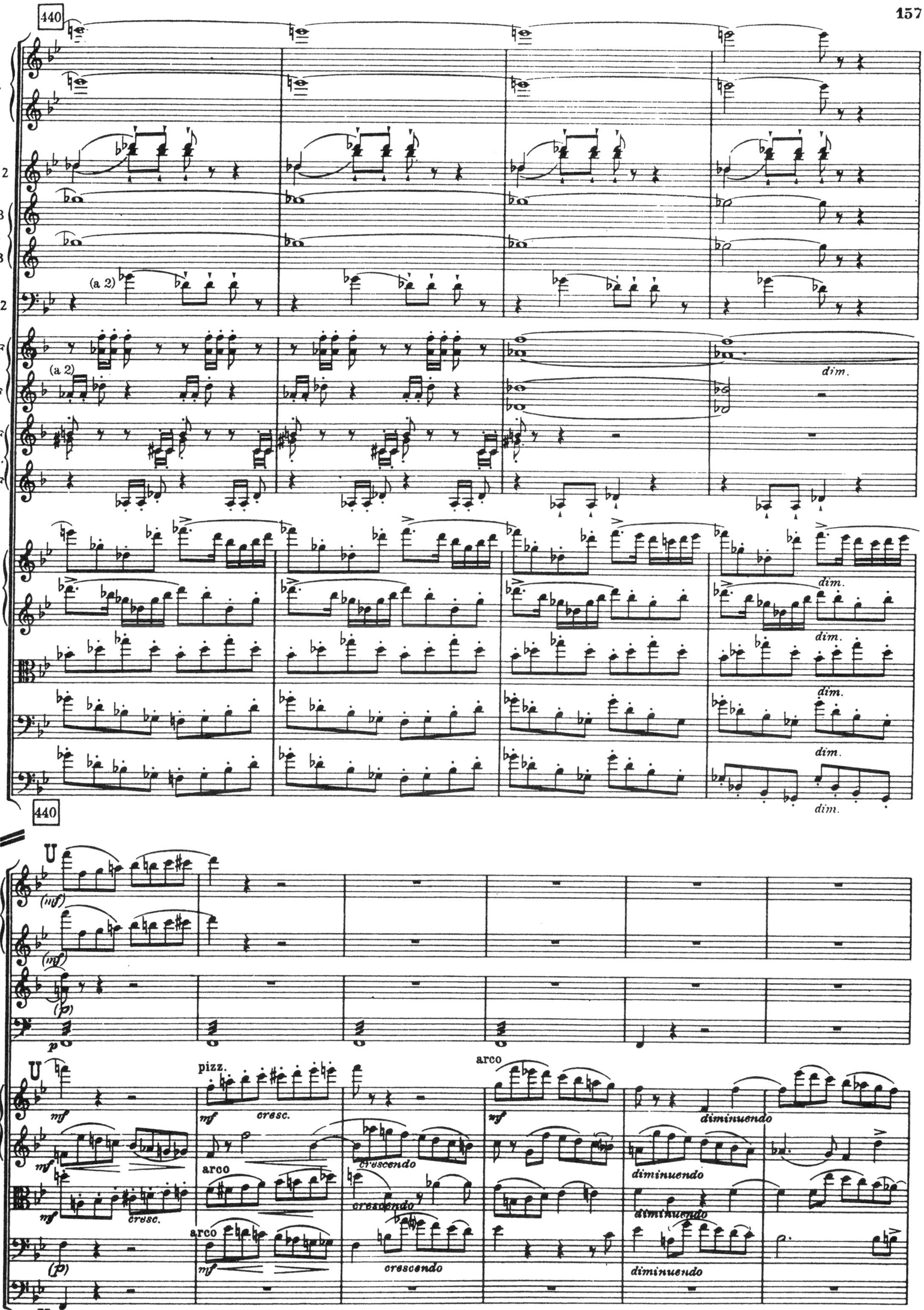
440
1. Fl. 2.
Ob. 1. 2
1. in B Klar. 2. in B
(a 2)
Fag. 1. 2
1. 2. in F Hrn 3. 4. in F
(a 2)
dim.
1. 2. in F Tromp. 3. in F
Viol. 1
dim.
Viol. 2
dim.
Vla.
dim.
Vc.
dim.
Kb.
dim.
440
1. Fl. 2.
(mf)
(mf)
Hrn 1. 2 in F
(p)
Pk.
p
Viol. 1
mf
pizz.
mf
cresc.
arco
mf
diminuendo
Viol. 2
mf
crescendo
diminuendo
Vla.
mf
arco
cresc.
crescendo
diminuendo
Vc.
arco
(p)
mf
crescendo
diminuendo
Kb.
(p)

450
1. Fl. 2.
1. in B Klar. 2. in B
Viol. 1
Viol. 2
Vla.
Vc.
Kb.
pp
ppp
cresc.
poco a poco cresc.
arco
450
Ob. 1. 2
a 2
1. 2. in F Hrn. 3. 4. in F
I. (=III.) p (cresc.)
crescendo
1. 2. in F Tromp. 3. in F
A. T. Pos. B.
Pk.
(p) cresc.
mf cresc.
spiccato
f cresc.
(div.)

460
1.
Fl.
2.
Ob. 1. 2
1. in B
Klar.
2. in B
Fag. 1. 2
a 2 sempre
1. 2. in F
Hrn.
3. 4. in F
1. 2. in F
Tromp.
3. in F
A. T.
Pos.
B.
Pk.
Viol. 1
Viol. 2
Vla.
Vc.
Kb.
460

470
1.
Fl.
2.
(a 2)
Ob. 1. 2
1. in B
Klar.
2. in B
(a 2)
Fag. 1. 2
a 2
1.2. in F
Hrn.
3.4. in F
(a 2)
(a 2)
1.2. in F
Tromp.
3. in F
a 2
A.T.
Pos.
B.
Pk.
divisi
Viol. 1
divisi
Viol. 2
divisi
Vla.
Vc.
Kb.
470

1.
Fl.
2.
(a 2)
Ob. 1. 2
ff
1. in B
Klar.
2. in B
(a 2)
Fag.
1. 2. in F
Hrn.
3. 4. in F
(a 2)
II.
I.
1. 2. in F
Tromp.
3. in F
A. T.
Pos.
B.
divisi
sempre ff
Viol. 1
Viol. 2
Vla.
Vc.
Kb.

480
sempre ff
1.
Fl.
2.
Ob. 1. 2
1. in B
Klar.
2. in B
Fag. 1. 2
1. 2. in F
Hrn.
3. 4. in F
1. 2. in F
Tromp.
3. in F
A. T.
Pos.
B.
Pk.
(ff)
sempre ff
Viol. 1
Viol. 2
(sempre ff)
Vla.
(sempre ff)
Vc.
(sempre ff)
Kb.
sempre ff
480

1.
Fl.
2.
Ob. 1.2
(a 2)
dim. sempre
1. in B
Klar.
2. in B
dim. sempre
dim. sempre
Fag. 1.2
(a 2)
dim.
1.2. in F
Hrn.
3.4. in F
(a 2)
(a 2)
I.
dim. sempre
(dim.)
1.2. in F
Tromp.
3. in F
(a 2)
(dim.)
(dim.)
A.T.
Pos.
B.
(a 2)
(dim.)
(dim.)
Viol. 1
diminuendo sempre
Viol. 2
divisi
trem.
dim. sempre
Vla.
divisi
trem.
dim. sempre
Vc.
Kb.

490
(a 2)
Ob.1.2
p
pp
I.
pp
W
1.in B
Klar.
2.in B
1.in F
Hrn.
3.4.in F
Viol.1
ppp
Viol.2
(ppp)
Vla.
Vc.
Kb.
1.
Fl.
2.
500
poco a poco cresc.

1.
Fl.
2.
Ob.1.2
1.in B
Klar.
2.in B
Fag.1.2
1.2.in F
Hrn.
3.4.in F
1.2.in F
Tromp.
3.in F
A.T.
Pos.
B.
Viol.1
Viol.2
Vla.
Vc.
Kb.
a 2
ff
p
dim.
p cresc.
mf cresc.
mf (cresc.)
trem.
divisi
pp
pp sempre
(mf)
I.
II.

510
1.
Fl.
2.
Ob.1.2
1.in B
Klar.
2.in B
Fag.1.2
1.in F
Hrn.
4.in F
1.2.in F
Tromp.
3.in F
A.T.
Pos.
B.
Viol.1
Viol.2
Vla.
Vc.
Kb.
510

sempre ff
520
X
1
Fl.
2.
Ob.1.2
1.in B
Klar.
2.in B
Fag.1.2
1.2.in F
Hrn.
3.4.in F
1.2.in F
Tromp.
3.in F
A.T.
Pos.
B.
B.-Tuba
Pk.
(divisi)
(sempre ff)
Viol.1
Viol.2
Vla.
Vc.
Kb.
cresc.
a 2
I.
II.
(ff)
(div.)
sempre ff

530
1.
Fl.
2.
(a 2)
Ob. 1.2
a 2
ff
1. in B
Klar.
2. in B
I.
II.
Fag. 1.2
1.2. in F
Hrn.
3.4. in F
1.2. in F
Tromp.
3. in F
A.T.
Pos.
B.
Tuba
Pk.
Viol. 1
Viol. 2
(div.)
Vla.
Vc.
Kb.
530

Y
1.
Fl.
2.
Ob. 1.2
Klar. 1 in B
Hrn. 1 in F
1.2. in F
Tromp.
3. in F
Viol. 1
Viol. 2
Vla.
Vc.
Kb.
hervortretend
trem.
(divisi)
540
1. in B
Klar.
2. in B
Fag. 1
1.2. in F
Hrn.
3.4. in F
A. T.
Pos.
B.
sempre cresc.

550
Hrn. 1 in F
I.
ppp
pp
Pk.
ppp
Viol. 1
pp
ppp
Viol. 2
(pp)
Vla.
Vc.
550
1.
Fl.
2.
p
cresc. sempre
Ob. 1.2
a 2
cresc. sempre
1. in B
Klar.
2. in B
1.2. in F
Hrn.
3.4. in F
poco a poco cresc.
I. (=III.) mf
mf
II. (=IV.)
(cresc.)
cresc.
f
1.2. in F
Tromp.
3. in F
ppp
Pk.
poco a poco cresc.
sempre crescendo
Viol. 1
poco a poco cresc.
cresc.
Viol. 2
Vla.
Vc.
p poco a poco cresc.
f

560

1. Fl. 2.

(a 2) Ob. 1.2

1. in B Klar. 2. in B

Fag. 1.2 f (cresc.) ff

I. f cresc. f (cresc.) II. ff 1.2. in F Hrn. 3.4. in F mf cresc. ff

(a 2) 1.2. in F Tromp. 3. in F cresc. mf cresc. ff

A.T. Pos. B. ff (>)

Pk. mf (cresc.) f cresc. ff

Viol. 1 f cresc. ff

Viol. 2 f cresc. ff

Vla. f cresc. ff divisi

Vc. cresc. ff (divisi)

Kb. mf cresc. f cresc. ff

560

Z sempre fff
1. Fl. 2.
Ob. 1. 2
1. in B Klar. 2. in B
Fag. 1. 2
1. 2. in F Hrn. 3. 4. in F
1. 2. in F Tromp. 3. in F
A. T. Pos. B.
B.-Tuba
Pk.
Z (sempre fff)
trem.
Viol. 1
Viol. 2
divisi
Vla.
Vc.
divisi
Kb.
a 2
sempre fff
sempre
Z sempre fff

570
fff sempre
1.
Fl.
2.
Ob. 1.2
1. in B
Klar.
2. in B
a 2
Fag. 1.2
1.2. in F
Hrn.
3.4. in F
a 2
1.2. in F
Tromp.
3. in F
A.
T.
Pos.
B.
B.-Tuba
(fff sempre)
Viol. 1
Viol. 2
Vla.
Vc.
Kb.
fff sempre
570

fff sempre
580
1.
Fl.
2.
Ob.1.2
1.in B
Klar.
2.in B
(a 2)
Fag.1.2
1.2.in F
Hrn.
(a 2)
3.4.in F
(a 2)
1.2.in F
Tromp.
3.in F
A.
T.
Pos.
B.
B.-Tuba
(fff sempre)
Viol.1
Viol.2
Vla.
Vc.
Kb.
fff sempre
580

Choral bis zum Ende fff
1.
Fl.
2.
Ob.1.2
1.in B
Klar.
2.in B
(a 2)
Fag.1.2
1.2.in F
Hrn.
a 2
(a 2)
3.4.in F
1.2.in F
Tromp.
3.in F
A.
T.
Pos.
B.
B.-Tuba
Pk.
(fff)
(fff)
(Choral bis zum Ende fff)
Viol.1
Viol.2
Vla.
Vc.
Kb.
Choral bis zum Ende fff

590
fff
fff
1.
Fl.
2.
Ob.1.2
1.in B
Klar.
2.in B
(a 2)
Fag.1.2
1.2.in F
Hrn.
3.4.in F
a 2
a 2
1.2.in F
Tromp.
3.in F
A.
T.
Pos.
B.
(A)
B.-Tuba
(A)
Pk.
fff
fff
Viol.1
Viol.2
Vla.
Vc.
Kb.
fff
fff
590

fff fff

1. Fl. 2.

Ob.1.2

1.in B Klar. 2.in B

(a 2)

Fag.1.2

1.2.in F Hrn. 3.4.in F

a 2

1.2.in F Tromp. 3.in F

a 2

A. T. Pos. B.

B.-Tuba

Pk.

(fff)

(fff) (fff)

Viol.1

Viol.2

Vla.

Vc.

Kb.

fff fff

600
fff
sempre fff
1.
Fl.
2.
Ob.1.2
a 2
1.in B
Klar.
2.in B
(a 2)
Fag.1.2
1.2.in F
Hrn.
(a 2)
3.4.in F
(a 2)
1.2.in F
Tromp.
3.in F
A.
T.
Pos.
B.
B.-Tuba
Pk.
(fff)
sempre fff
Viol.1
Viol.2
Vla.
Vc.
Kb.
fff
sempre fff
600

610
1.
Fl.
2.
(a 2)
Ob.1.2
1.in B
Klar.
2.in B
(a 2)
Fag.1.2
(a 2)
1.2.in F
Hrn.
3.4.in F
1.2.in F
Tromp.
3.in F
A.
sempre fff
T.
Pos.
B.
B.-Tuba
Pk.
(fff)
Viol.1
Viol.2
Vla.
Vc.
Kb.
610

1.
Fl.
2.
a 2
Ob. 1. 2
1. in B
Klar.
2. in B
(a 2)
Fag. 1. 2
1. 2. in F
Hrn.
3. 4. in F
a 2
1. 2. in F
Tromp.
3. in F
A.
T.
Pos.
B.
B.-Tuba
Pk.
Viol. 1
Viol. 2
Vla.
Vc.
Kb.

620

1. Fl. 2.

Ob. 1. 2

1. in B Klar. 2. in B

(a 2)
Fag. 1. 2

1. 2. in F Hrn. 3. 4. in F
(a 2)

1. 2. in F Tromp. 3. in F

A. T. Pos. B.

B.-Tuba

Pk.

Viol. 1

Viol. 2

Vla.

Vc.

Kb.

620

630
1.
Fl.
2.
Ob. 1.2
a 2
1. in B
Klar.
2. in B
(a 2)
Fag. 1.2
1.2. in F
Hrn.
3.4. in F
1.2. in F
Tromp.
3. in F
a 2
A. T.
Pos.
B.
B.-Tuba
Pk.
Viol. 1
Viol. 2
div.
Vla.
Vc.
Kb.
marcato
630